Inhaltsverzeichnis

1 Diese Gewichte kennst du.

1000 Gramm (g) sind 1 Kilogramm (kg).   1000 g = 1 kg

2 Ordne die Gewichte zu. Verbinde.

| 4 g | 20 g | 100 g | 500 g | 1000 g |

3 Ordne die Gewichte zu. Verbinde.

| 1 kg | 14 kg | 40 kg | 90 kg | 500 kg |

4 a)

40 kg

Kinder	1	2	3	4	5
Gewicht	kg				

b)

500 kg

Pferde	1	2	3	4	5
Gewicht	kg				

1

> Wir sind 25 Kinder auf einer Lkw-Waage.

> Zusammen wiegen wir 1 Tonne.

1,000 t

---

1 Tonne (t) sind 1000 Kilogramm (kg).   1 t = 1000 kg

---

2 Was wiegt weniger als 1 Tonne (t)? Was wiegt mehr als 1 Tonne (t)? Kreuze an.

	weniger als 1 t / weniger als 1000 kg	mehr als 1 t / mehr als 1000 kg
40 Kinder		
1 Elefant		
1 Pferd		
1 Lokomotive		
1 Fahrrad		
1 Blauwal		
1 Kuh		
4 Erwachsene		
1000 Tafeln Schokolade		

3 Tonne (t) oder Kilogramm (kg)? Trage passend ein.

600 ____   40 ____   1 ____   2 ____   12 ____

1 Erzählen, wie hier gewogen wird.

1 Die Elefanten im Zoo werden gewogen.

Ein ausgewachsener Elefantenbulle wiegt 6,2 t. Noah schreibt das Gewicht in drei verschiedenen Schreibweisen auf.

6,2 t = 6 t 200 kg = 6 200 kg

> Das Komma trennt Tonne und Kilogramm.

2 Lies die Gewichtsangaben und schreibe sie auf.

a) Elefant   b) Nashorn   c) Weißer Hai   d) Löwe   e) Seekuh   f) Eisbär

6,2 t   2,8 t   3,5 t   0,2 t   0,5 t   0,75 t

	Tonne	Kilogramm				
	t	100 kg	10 kg	1 kg		
a) 6,2 t	6	2	0	0	6 t 200 kg =	6 200 kg
b) ___					___ =	___
c) ___					___ =	___
d) ___					___ =	___
e) ___					___ =	___
f) ___					___ =	___

3 Lies die Gewichtsangaben und schreibe sie auf.

	Tonne	Kilogramm				
	t	100 kg	10 kg	1 kg		
a) 1,800 t					1 t 800 kg =	___ kg
b) 2,550 t					___ =	___
c) 3,410 t					___ =	___
d) 4,010 t					___ =	___
e) 6,400 t					___ =	___
f) 2,005 t					___ =	___

2 und **3** Die Gewichtsangaben lesen. Zum Beispiel wird 0,75 t gelesen: Null Komma sieben fünf Tonnen

1 Ergänze die fehlenden Gewichtsangaben in den Tabellen.
Achte auf die Nullen in den drei verschiedenen Schreibweisen.

a)

t	t und kg	kg
1,5 t	1 t 500 kg	1 500 kg
2,6 t		
7,2 t		
5,8 t		

1	t = 1 000 kg
1,5	t = 1 500 kg
1,53	t = 1 530 kg
1,03	t = 1 030 kg
1,535 t = 1 535 kg	
1,053 t = 1 053 kg	

b)

t	t und kg	kg
1,53 t		
3,05 t		
	2 t 450 kg	
	6 t 80 kg	

c)

t	t und kg	kg
1,535 t		
6,025 t		
		9 555 kg
		7 075 kg

Der Tippzettel hilft mir.

2 Ordne. Beginne mit dem kleinsten Gewicht.
Es kann dir helfen, zuerst alle Gewichtsangaben
in der gleichen Schreibweise aufzuschreiben.

a)

4,5 t	7 800 kg	0,5 t	2 t 800 kg	5,08 t

b)

3,5 t	3,005 t	3 t 2 kg	3,200 t	3 250 kg

1 Im Kieler Hafen werden 80 Container auf das Frachtschiff *Riekers* verladen. Ein Container wiegt 34 t.

F: Wie viel wiegen alle Container zusammen?

L:

A: _____

2 Im Duisburger Hafen werden 50 Container auf das Frachtschiff *Annabella* verladen. Ein Container wiegt 24 t.

F: _____
_____

L:

A: _____

3 Im Hamburger Hafen wird das Frachtschiff *Anna* mit Containern beladen. Das Schiff kann 3000 t Ladung aufnehmen.
Ein Container wiegt 20 t.

F: Wie viele Container kann das Schiff laden?

L:

Container	1	5				
Gewicht						3000 t

A: _____

4 Im Mannheimer Hafen wird das Binnenschiff *Kolumbus* mit Containern beladen. Das Schiff kann 2800 t Ladung aufnehmen.
Ein Container wiegt 14 t.

F: _____

L:

Container	1	10				
Gewicht						

A: _____

1 und **2** Beim Lösen gegebenenfalls das Verfahren der schriftlichen Multiplikation anwenden.
3 und **4** Beim Lösen kann die Rechentabelle helfen. Gegebenenfalls werden nicht alle Spalten genutzt.

Afrikanische Elefanten leben vor allem in den südlichen Teilen Afrikas.

Ein ausgewachsener Elefantenbulle wiegt ungefähr 6 000 kg.

Ein Elefantenbaby wiegt bei der Geburt ungefähr 100 kg.

In der freien Wildbahn fressen Elefanten Gräser, Blätter, Früchte und Holz.
Ein Elefantenbulle braucht etwa 200 kg Nahrung pro Tag.

Für die Nahrungssuche und das Fressen braucht ein Elefant täglich ungefähr 15 Stunden.

1 F: Wie viel Futter frisst ein Elefantenbulle in 5 Tagen?

L:
Tage	1	2	3	4	5
Futter	kg	kg	kg	kg	kg

A: Ein Elefantenbulle frisst in 5 Tagen   kg Futter. Das ist   t Futter.

2 F: Wie viel Futter frisst ein Elefantenbulle in 30 Tagen (1 Monat)?

L:
Tage	5	10				
Futter	t	t				

A: _____

3 Richtig (r) oder falsch (f)? Kreuze an.

Ein Elefantenbulle frisst in einem Monat ungefähr so viel, wie er wiegt.   r ☐ f ☐

4 F: Wie viel Kilogramm ist ein Elefantenbulle schwerer als ein Elefantenbaby?

L: _____

A: Der Elefantenbulle ist   kg schwerer als das Baby. Das sind   t.

5 F: Wie viel Zeit benötigt ein Elefant jede Woche zur Nahrungssuche?   L:

A: _____

1 bis **5** Informationen, die zum Lösen der Aufgaben benötigt werden, in den Texten suchen und unterstreichen.
1 und **2** Die Aufgaben können additiv oder multiplikativ gelöst werden.

1 Erkläre.

In verschiedene Gefäße kann man Flüssigkeiten schütten.

Espressotasse   Becher   Eimer   Glas   Teetasse   Messbecher

2 In welches Gefäß passt mehr Flüssigkeit hinein? Kreuze an.

a) ☐ oder ☐

b) ☐ oder ☐

c) ☐ oder ☐

d) ☐ oder ☐

3 In welches Gefäß passt mehr Flüssigkeit hinein? Kreuze an.

a) ☐ Putzeimer oder
   ☐ Badewanne

b) ☐ Planschbecken oder
   ☐ Wasserflasche

c) ☐ Teetasse oder
   ☐ Messbecher

d) ☐ Espressotasse oder
   ☐ Kaffeebecher

e) ☐ Messbecher oder
   ☐ Glas

f) ☐ Kaffeebecher oder
   ☐ Milchtüte

1

In der Milchtüte ist 1 Liter Milch.

Im Messbecher ist 1 Liter Wasser. Das sind genau 1000 Milliliter.

1 Liter (l) sind 1000 Milliliter (ml).   1 l = 1000 ml

2 In welche Gefäße passt weniger als 1 Liter (l) Flüssigkeit?

In welche Gefäße passt mehr als 1 Liter (l) Flüssigkeit? Kreuze an.

	weniger als 1 l / weniger als 1000 ml	mehr als 1 l / mehr als 1000 ml
Kaffeebecher		
Badewanne		
Duschgel		
Planschbecken		
Putzeimer		
Tintenpatrone		

3 Wieviel Flüssigkeit in ein Gefäß passt, wird in Litern (l) oder in Millilitern (ml) angegeben.

Liter (l) oder Milliliter (ml)? Trage passend ein.

1 ____ = 1000 ____   140 ____   250 ____   400 ____

500 ____   300 ____   10 ____   10 ____   200 ____

1 Wie viel Milliliter (ml) sind im Messbecher?

Markiere, wie hoch das Wasser an der Skala steht. Dann lies ab.

a)

Im Messbecher
ist 1 Liter Wasser.
Das sind genau
1000 Milliliter.
Das lese ich
an der Skala ab.

b)

_____ ml

_____ ml

c)

_____ ml

d)

_____ ml

e)

_____ ml

2 Wie viel Liter (l), wie viel Milliliter (ml) sind es?

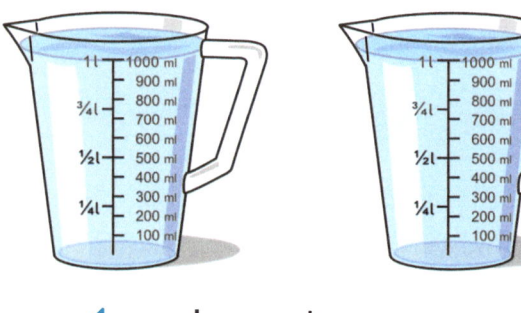

In zwei Gefäßen
ist jeweils ein Liter Wasser.
Zusammen sind es
____ l, also _____ ml.

_____1_____ l　+　_____ l　=　_____ l

_____ ml　+　_____ ml　=　_____ ml

3 Wie viel Milliliter (ml) sind es?

a) 3 l = _____ ml

b) 5 l = _____ ml

c) 7 l = _____ ml

d) 10 l = _____ ml

4 Wie viel Liter (l) sind es?

a) 2000 ml = __ l

b) 4000 ml = __ l

c) 8000 ml = __ l

d) 9000 ml = __ l

1

Auf der Skala des Messbechers stehen auch Bruchzahlen.

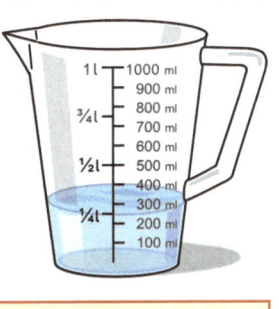

$\frac{1}{2}$ l = 500 ml

ein halber Liter

$\frac{1}{4}$ l = 250 ml

ein Viertelliter

$\frac{3}{4}$ l = 750 ml

ein Dreiviertelliter

2 Wie viel Milliliter (ml) sind es?

a)

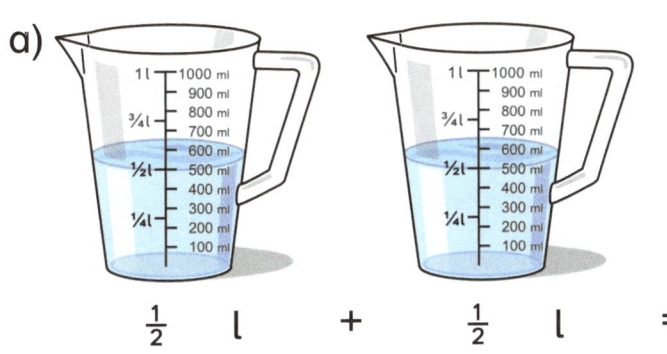

$\frac{1}{2}$ l + $\frac{1}{2}$ l = 1 l

_____ ml + _____ ml = _____ ml

In zwei Gefäßen ist jeweils ein halber Liter Wasser. Zusammen sind es _____ ml.

b)

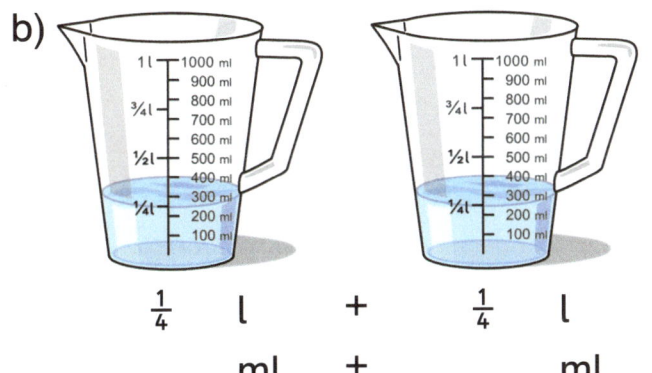

$\frac{1}{4}$ l + $\frac{1}{4}$ l = $\frac{1}{2}$ l

_____ ml + _____ ml = _____ ml

In zwei Gefäßen ist jeweils ein Viertelliter Wasser. Zusammen sind es _____ ml.

c)

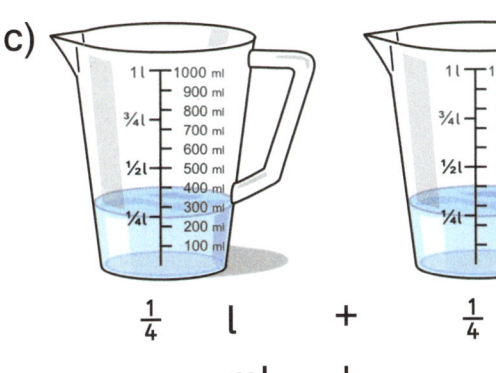

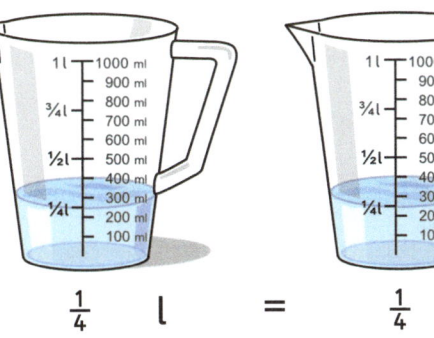

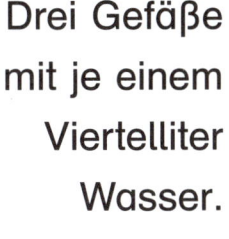

$\frac{1}{4}$ l + $\frac{1}{4}$ l = $\frac{1}{4}$ l = $\frac{3}{4}$ l

_____ ml + _____ ml = _____ ml = _____ ml

Drei Gefäße mit je einem Viertelliter Wasser.

Zusammen sind es _____ ml.

1

In dieser Flasche sind eins Komma fünf Liter.

Das sind 1 l 500 ml, also 1500 ml.

| 1 | , | 5 | l | = | 1 | l | 5 | 0 | 0 | ml | = | 1 | 5 | 0 | 0 | ml |

> Das Komma trennt Liter und Milliliter.

2 Lies die Literangaben ab und schreibe sie auf.

a) 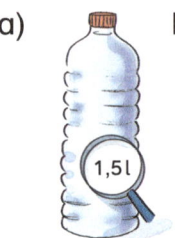 b)  c)  d) 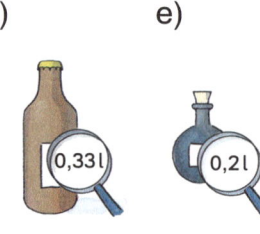 e)

a) 1,5 l   b) 0,75 l   c) 0,5 l   d) 0,33 l   e) 0,2 l

| | Liter | Milliliter | | |
	l	100 ml	10 ml	1 ml
a) __1,5 l__	1	5	0	0
b) _____				
c) _____				
d) _____				
e) _____				

a) __1 l 500 ml__ = __1500 ml__
b) _____ = _____
c) _____ = _____
d) _____ = _____
e) _____ = _____

3 Schreibe die Literangaben in drei verschiedenen Schreibweisen.

| | Liter | Milliliter | | |
	l	100 ml	10 ml	1 ml
a) 2,5 l				
b) 4,4 l				
c) 3,75 l				
d) 1,25 l				
e) 0,125 l				

a) __2 l 500 ml__ = _____ ml
b) _____ = _____
c) _____ = _____
d) _____ = _____
e) _____ = _____

2 und **3** Die Literangaben lesen. Zum Beispiel wird 3,75 l gelesen: Drei Komma sieben fünf Liter

1 Ergänze die fehlenden Angaben in den Tabellen.

Achte auf die Nullen in den drei verschiedenen Schreibweisen.

a)

l	l und ml	ml
2,5 l	2 l 500 m	2 500 ml
3,05 l		
2,09 l		
5,250 l		
4,005 l		

1	l = 1 000 ml	
1,7	l = 1 700 ml	
1,77	l = 1 770 ml	
1,07	l = 1 070 ml	
1,775	l = 1 775 ml	
1,075	l = 1 075 ml	

b)

l	l und ml	ml
1,775 l		
	3 l 225 ml	
		1 750 ml
1,4 l		
0,375 l		

2 Ordne. Beginne mit der kleinsten Angabe.

Es kann dir helfen, zuerst alle Angaben

in der gleichen Schreibweise aufzuschreiben.

2 l 100 ml	1,4 l	0,2 l	400 ml	$\frac{1}{4}$ l

3 Diese Milliliter- und Literangaben merke ich mir.

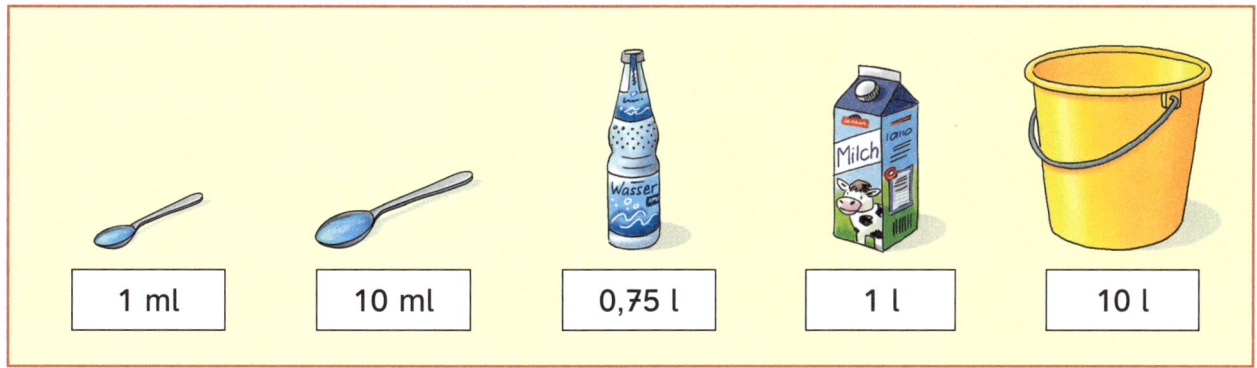

| 1 ml | 10 ml | 0,75 l | 1 l | 10 l |

2 Das Kind kann eine der Schreibweisen aus der Tabelle wählen und jeweils im Kasten in diese umwandeln.

Kirsch-Schorle
(Rezept für 15 Personen)

1,5 l Kirschsaft
1,5 l Mineralwasser

Den Saft und das Mineralwasser mixen.
Die Schorle einige Stunden kalt stellen.

1 Frau Rose möchte für 15 Personen Kirsch-Schorle zubereiten.

Wie viel Liter (l) kauft sie ein?

a) Sie kauft _____ l Kirschsaft. Das sind _____ ml.

b) Sie kauft _____ l Mineralwasser. Das sind _____ ml.

c) Insgesamt sind das _____ ml, also _____ l.

2 Frau Rose möchte nun die Kirsch-Schorle für 15 Personen in Gläser

füllen. Sie hat jeweils 15 Gläser in zwei verschiedenen Größen zur

Auswahl:

große Gläser,		kleine Gläser,
in die jeweils 0,3 l 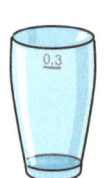		in die jeweils 0,2 l
Flüssigkeit passen,		Flüssigkeit passen,
also _____ ml		also _____ ml 

F: Welche der Gläser soll Frau Rose nehmen,

damit jede Person ein Glas Kirsch-Schorle bekommen kann?

L:

große Gläser	1	2	3	5	10	15
Milliliter						

kleine Gläser	1	2	3	5	10	15
Milliliter						

A: Frau Rose wählt die Gläser, in die jeweils _____ ml passen,

damit jede Person ein Glas Kirsch-Schorle bekommen kann.

2 Frau Roses Entscheidung begründen, indem die Ergebnisse in den Rechentabellen in Bezug zur Sachsituation in Aufgabe 1 c) gedeutet werden.

Trinken hält fit!

Ausreichendes Trinken ist wichtig. Die Deutsche Gesellschaft für Ernährung (DGE) empfiehlt:

Kinder im Alter von 7 bis 10 Jahren sollten ungefähr 1 Liter zuckerarme Getränke pro Tag trinken.
Erwachsene sogar täglich 1,5 bis 2 Liter.

Für alle Altersgruppen gilt:
Bei Sport und hohen Temperaturen steigt der Flüssigkeitsbedarf mindestens auf das Doppelte dieser Trinkmengen.

1 a) Wie viel Liter (l) sollten Kinder an einem Tag trinken?

Kinder sollten an einem Tag ungefähr _____ zuckerarme Getränke trinken.

b) Wie viel Liter (l) sollten Erwachsene an einem Tag trinken?

Erwachsene sollten an einem Tag sogar _____ trinken.

2 Haben die Kinder heute schon genug getrunken?

Rechne zuerst. Dann kreuze an.

Dario:

ein Becher Traubenschorle, ein Glas Wasser, 2 Tassen Tee

ja ☐
nein ☐

_____

Lotta:

eine Flasche Traubenschorle, 2 Gläser Wasser, 2 Tassen Tee

ja ☐
nein ☐

_____

3 Haben die Erwachsenen heute schon genug getrunken?

Rechne zuerst. Dann kreuze an.

Herr Schmitt:

3 Tassen Tee, ein Glas Wasser, eine Flasche Traubenschorle

ja ☐
nein ☐

_____

Frau Kunze:

2 Tassen Tee, eine Flasche Mineralwasser, eine halbe Flasche Apfelsaft

ja ☐
nein ☐

_____

1 Kreuze in der Tabelle an.

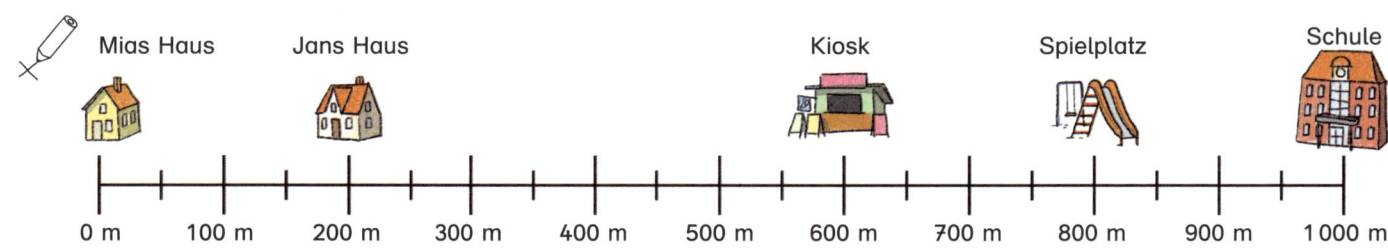

Mias Haus   Jans Haus   Kiosk   Spielplatz   Schule

| 0 m | 100 m | 200 m | 300 m | 400 m | 500 m | 600 m | 700 m | 800 m | 900 m | 1 000 m |

> **1 Kilometer (km) sind 1000 Meter (m).**   **1 km = 1 000 m**

	kürzer als 1 km / kürzer als 1 000 m	genau 1 km / genau 1 000 m	länger als 1 km / länger als 1 000 m
Mias Weg zur Schule			
Jans Weg zur Schule			
Jans Weg zum Kiosk und zurück			
Mias Weg zum Kiosk und zurück			

2

	kürzer als 1 km / kürzer als 1 000 m	genau 1 km / genau 1 000 m	länger als 1 km / länger als 1 000 m
Flug Köln — Paris			
eine Runde auf dem Sportplatz			
eine Bahn im Schwimmbad			
20 Bahnen zu je 50 m im Schwimmbad			

3 Kilometer (km) oder Meter (m)? Trage passend ein.

Höhe: Entfernung: Entfernung: Länge:

   40 ____   2 ____   1 500 ____   42 ____

1

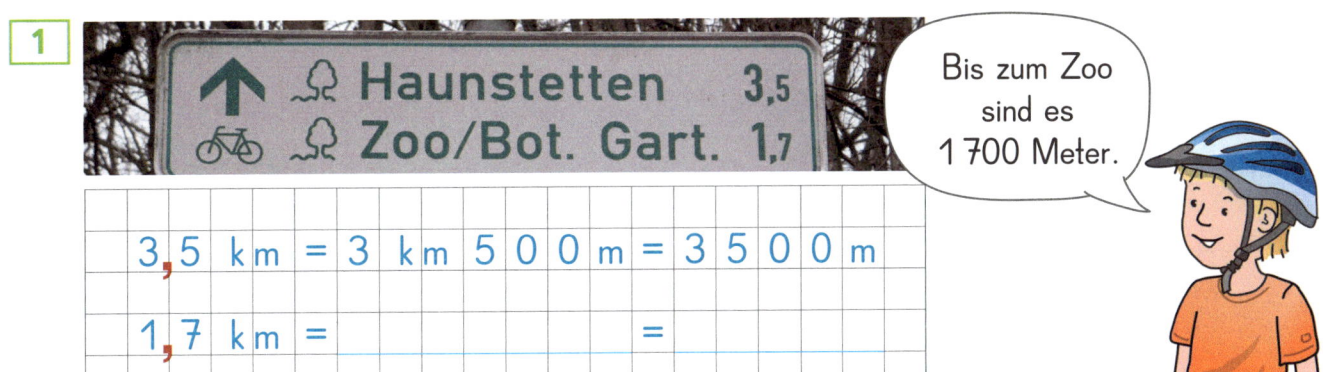

3,5	km	=	3	km	5	0	0	m	=	3	5	0	0	m
1,7	km	=							=					

Das Komma trennt Kilometer und Meter.

2 Lies die Kilometerangaben ab und schreibe sie auf.

a)    b)    c)    d)

	Kilo-meter km	Meter		
		100 m	10 m	1 m
a) 2,50 km	2	5	0	0
b) _____				
c) _____				
d) _____				

a) 2 km 500 m = 2 500 m
b) _____ = _____
c) _____ = _____
d) _____ = _____

3 Schreibe die Längenangaben in drei verschiedenen Schreibweisen.

	Kilo-meter km	Meter		
		100 m	10 m	1 m
a) 2,528 km				
b) 3,735 km				
c) 0,735 km				
d) 0,510 km				
e) 0,400 km				
f) 0,005 km				

a) 2 km 528 m = _____ m
b) _____ = _____
c) _____ = _____
d) _____ = _____
e) _____ = _____
f) _____ = _____

2 und 3 Die Längenangaben lesen. Zum Beispiel wird 2,528 km gelesen: Zwei Komma fünf zwei acht Kilometer

1 Ergänze die fehlenden Längenangaben in der Tabelle.

Achte auf die Nullen in den drei verschiedenen Schreibweisen.

a)

km	km und m	m
1,5 km	1 km 500 m	1500 m
3,4 km		
6,7 km		
0,8 km		

1	km =	1000 m
1,5	km =	1500 m
1,53	km =	1530 m
1,03	km =	1030 m
1,535	km =	1535 m
1,053	km =	1053 m

b)

km	km und m	m
5,36 km		
8,27 km		
3,18 km		
0,89 km		

c)

km	km und m	m
7,483 km		
6,225 km		
9,162 km		
0,261 km		

2 Ordne. Beginne mit der kleinsten Länge.

Es kann dir helfen, zuerst alle Längenangaben

in der gleichen Schreibweise aufzuschreiben.

a)

7,34 km	5087 m	6 km 115 m	4278 m	0,857 km

b)

5960 m	8,234 km	7 km 76 m	375 m	0,753 km

2 Das Kind kann eine der Schreibweisen aus der Tabelle wählen und jeweils im Kasten in diese umwandeln.

1 Achtung! Hier stehen Nullen direkt hinter dem Komma.

	km	km und m	m
a)	5,06 km		
b)	8,05 km		
c)	6,03 km		
d)	7,02 km		

2

	km	km und m	m
a)	7,005 km		
b)	6,025 km		
c)		9 km 55 m	
d)		0 km 75 m	

3

	km	km und m	m
a)		6 km 80 m	
b)			5 005 m
c)	8,010 km		
d)		0 km 50 m	

4 Verbinde Strecken, die gleich lang sind.

a)

| 3,75 km | 7000 m | 0,250 km | 4500 m | 2 km 500 m |

| 7 km | 4 km 500 m | 3750 m | 2,5 km | 250 m |

b)

| 6,37 km | 6307 m | 673 m | 6,037 km | 6 km 703 m |

| 0,673 km | 6 km 370 m | 6,703 km | 6 km 307 m | 6037 m |

1 Setze ein: Meter (m), Zentimeter (cm), Millimeter (mm)

Ein großes Lineal ist ungefähr 30 _____ lang.	Ein Fußballfeld darf bis zu 120 ___ lang sein.	Lars ist 48 kg schwer und 126 _____ groß.
Ein Blauwal ist ungefähr 30 _____ lang.	Eine Zimmertür ist ungefähr 200 _____ hoch.	Eine Ameise ist ungefähr 15 _____ lang.

2 Setze ein: Kilometer (km), Meter (m), Zentimeter (cm), Millimeter (mm)

Beim Sportfest springt Jan 3,40 _____ weit.	Familie Klein fährt 356 _____ bis zum Campingplatz.	Idas Schwimm-flossen sind 34 _____ lang.
In den Ferien liest Peter ein 23 _____ dickes Buch.	Johannes schießt den Fußball 25 _____ weit.	Von Köln nach New York sind es 6 050 _____.

3 Achtung! Hier sind auch andere Längeneinheiten dabei!
Ordne. Beginne mit der kleinsten Länge.

a)

4,5 cm	4 155 m	4,5 km	4 m 55 cm	4,5 m

b)

133 cm	1,30 m	1,3 km	13 m 30 cm	133 m

3 Das Kind kann eine der Schreibweisen wählen und jeweils im Kasten in diese umwandeln.

1 Nina und Jan verbringen mit ihren Eltern ein Wochenende
in der Jugendherberge. Sie wollen jeden Tag Fahrrad fahren.

a) Am Samstag fahren sie zum Streichelzoo, dann am Turm vorbei
zum Badesee und zurück zur Jugendherberge.

F: Wie viele Kilometer fahren sie
am Samstag?

L:

A: _____

_____

b) Am Sonntag fahren sie zum Spielplatz, dann zum Bauernhof und
am Streichelzoo vorbei zurück zur Jugendherberge.

F: Wie viele Kilometer fahren sie
am Sonntag?

L:

A: _____

_____

2 Auch Alicia macht in der Gegend eine Fahrradtour.

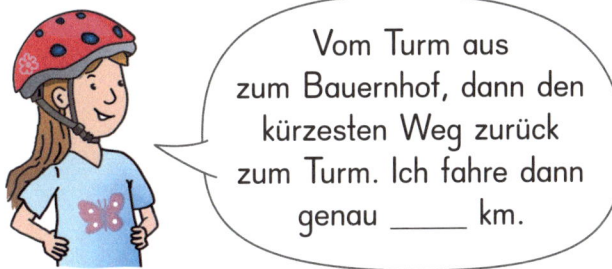

Vom Turm aus
zum Bauernhof, dann den
kürzesten Weg zurück
zum Turm. Ich fahre dann
genau _____ km.

L:

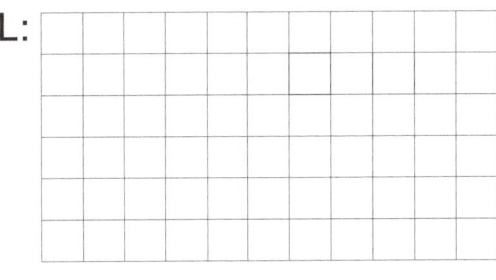

1 und **2** Schriftliche Addition beim Lösen anwenden.
Weitere Touren planen und berechnen.

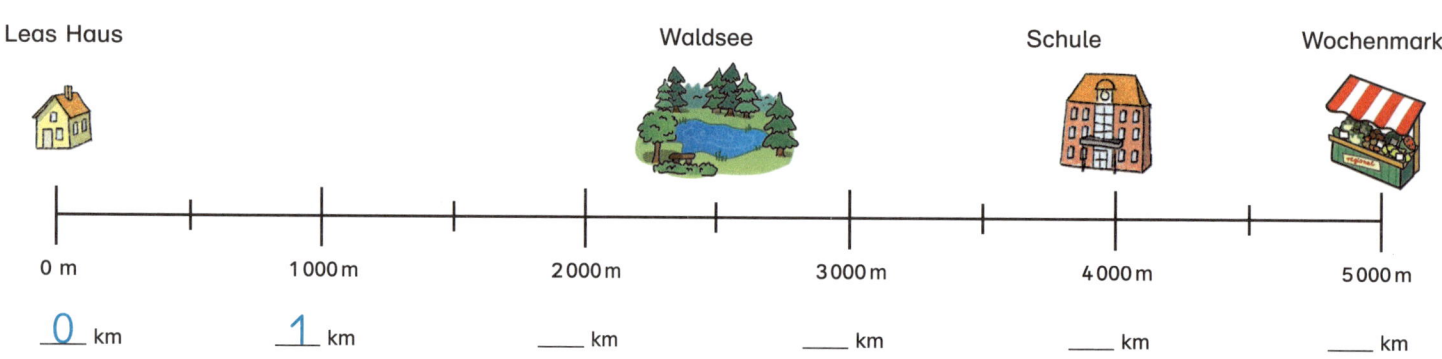

Leas Haus   Waldsee   Schule   Wochenmarkt

0 m	1 000 m	2 000 m	3 000 m	4 000 m	5 000 m
_0_ km	_1_ km	___ km	___ km	___ km	___ km

1 Schreibe oben auf beiden Heftseiten die Kilometerangaben dazu.

2 Wie viele Kilometer legen sie jeweils zurück?

a) In dieser Woche fährt Lea an jedem Schultag mit dem Fahrrad zur Schule und zurück.

L: _4 km +_ _____   _____ km · ____ = _____

A: _Lea fährt_ _____ km. _____

b) Leas Mutter fährt zweimal in der Woche zum Wochenmarkt.

L: _____   _____

A: _____

c) Leas Bruder läuft dreimal in der Woche zum Waldsee und zurück.

L: _____   _____

A: _____

d) Lea macht am Sonntag mit ihrer Familie einen Spaziergang vom Waldsee zum Tierpark und wieder zurück.

L: _____   _____

A: _____

2 Es sind ein- und zweischrittige Lösungswege möglich.

Wochenmarkt	Henrys Haus	Tierpark	Fabrik	Einkaufs-zentrum

5000 m	6000 m	7000 m	8000 m	9000 m	10000 m
____ km	____ km	____ km	____ km	____ km	____ km

1 Wie viele Kilometer legen sie jeweils zurück?

a) In dieser Woche fährt Henry an jedem Schultag mit dem Fahrrad zur Schule und zurück.

L: _____   _____

A: _____

b) Henrys Vater arbeitet an fünf Tagen in der Woche in der Fabrik.

L: _____   _____

A: _____

c) Henrys Mutter arbeitet dreimal wöchentlich im Einkaufszentrum.

L: _____   _____

A: _____

d) Henry joggt viermal in der Woche zum Tierpark und wieder zurück.

L: _____   _____

A: _____

e) Henry besucht Lea zweimal in der Woche.

L: _____   _____

A: _____

1 Es sind ein- und zweischrittige Lösungswege möglich.

Tabea und Tim wohnen in Aachen.

In den Sommerferien möchten sie ihre Oma in Hamburg besuchen.

Im Internet finden sie im Fahrplan drei verschiedene Zugverbindungen.

Hier steht, wann wir abfahren und wann wir ankommen.

Hier steht, wie lange wir unterwegs sind.

Hinfahrt am 03.08.			
Bahnhof/Haltestelle	Zeit	Dauer	Umst.
	^ Früher		
Aachen Hbf Hamburg Hbf	09:10 14:14	5:04	1
> Details einblenden		> Rückfahrt hinzufügen	
Aachen Hbf Hamburg Hbf	09:40 14:54	5:14	2
> Details einblenden		> Rückfahrt hinzufügen	
Aachen Hbf Hamburg Hbf	09:40 15:08	5:28	1
> Details einblenden		> Rückfahrt hinzufügen	

Hbf. steht für Hauptbahnhof.

Umst. bedeutet Umstieg.

1 Es gibt einen Zug, der vor 9:30 Uhr in Aachen abfährt.

a) Wann fährt dieser Zug in Aachen ab? _____ Uhr

b) Wann kommt der Zug in Hamburg an? _____

c) Wie lange ist der Zug laut Fahrplan unterwegs?
Laut Fahrplan ist der Zug ___ h und ___ min unterwegs.

2 Es gibt zwei Züge, die nach 9:30 Uhr in Aachen abfahren.

a) Abfahrt: _____   b) Abfahrt: _____

Ankunft: _____   Ankunft: _____

Fahrzeit: ___ h ___ min   Fahrzeit: ___ h ___ min

3 Tim sagt: „Wenn wir nach halb zehn losfahren, können wir noch vor drei Uhr in Hamburg sein!" Markiere diesen Zug im Fahrplan blau.

4 Tabea sagt: „Wenn wir früher losfahren, sind wir schneller und wir müssen nur einmal umsteigen." Markiere diesen Zug im Fahrplan rot.

Tabea und Tim entscheiden sich
für den Zug, der um 9:10 Uhr
in Aachen abfährt.
Sie finden noch genauere
Informationen.

Bahnhof/Haltestelle	Zeit	Gleis
Aachen Hbf	ab 09:10	8
Köln Hbf	an 09:48	1
Umsteigezeit 21 Min.		
Köln Hbf	ab 10:09	4
Hamburg Hbf	an 14:14	11

1 a) Auf welchem Gleis fährt dieser Zug in Aachen ab?   Gleis ____

b) Wo müssen sie umsteigen?   _____

c) Um wie viel Uhr kommen die Kinder in Köln an?   _____

2 Wie lange dauert die Zugfahrt von Aachen nach Köln?

9:10 Uhr ——————min——————▶ _____

Die Zugfahrt von Aachen nach Köln dauert _____.

3 a) Auf welchem Gleis fahren die Kinder in Köln ab?   Gleis ____

b) Um wie viel Uhr kommen die Kinder in Hamburg an?   _____

4 Wie lange dauert die Zugfahrt von Köln nach Hamburg?

_____ ———h———min——▶ _____

Die Zugfahrt von Köln nach Hamburg dauert _____.

5 Richtig oder falsch? Kreuze an.

                                                                                             richtig falsch

a) In Köln kommen die Kinder auf Gleis 1 an. ☐ ☐

b) In Hamburg kommen die Kinder auf Gleis 10 an. ☐ ☐

c) Die Umsteigezeit ist kürzer als eine Viertelstunde. ☐ ☐

d) Ankunft in Hamburg ist laut Fahrplan vor halb zwei. ☐ ☐

e) Ankunft in Hamburg ist laut Fahrplan vor halb drei. ☐ ☐

f) Wenn der Zug ab Köln 20 Minuten Verspätung hat,
sind die Kinder erst nach halb drei in Hamburg. ☐ ☐

Linie 3	Hauptbahnhof – Reiterdenkmal Montag bis Freitag											
Hauptbahnhof	16:08	16:18	16:28		20:08	20:28	20:48		23:08	23:38	00:08
Ebertplatz	16:12	16:22	16:32		20:12	20:32	20:52		23:12	23:42	00:12
Donaustraße	16:17	16:27	16:37		20:17	20:37	20:57		23:17	23:47	00:17
Tulpenweg	16:20	16:30	16:40		20:20	20:40	21:00		23:20	23:50	00:20
Ringallee	16:26	16:36	16:46		20:26	20:46	21:06		23:26	23:56	00:26
Kaiserplatz	16:31	16:41	16:51	alle 10 Minuten	20:31	20:51	21:11	alle 20 Minuten	23:31	00:01	00:31
Goethestraße	16:34	16:44	16:54		20:34	20:54	21:14		23:34	00:04	00:34
Rathaus	16:38	16:48	16:58		20:38	20:58	21:18		23:38	00:08	00:38
Arbeitsamt	16:43	16:53	17:03		20:43	21:03	21:23		23:43	00:13	00:43
Reiterdenkmal	16:48	16:58	17:08		20:48	21:08	21:28		23:48	00:18	00:48

1 Anna steht am Hauptbahnhof und schaut sich den Fahrplan
der Straßenbahnlinie 3 an.

a) In welchen Abständen fahren die Straßenbahnen ab Hauptbahnhof
zwischen 16 Uhr und 20 Uhr?   <u>Sie fahren alle</u>_____

b) Wann fahren die Straßenbahnen zwischen 16 Uhr und 17 Uhr?

_____ _____ _____   _____ _____ _____

c) Wann fahren die Straßenbahnen zwischen 17 Uhr und 18 Uhr?

_____ _____   _____ _____

2 a) In welchen Abständen fahren die Straßenbahnen
zwischen 20 Uhr und 23 Uhr? _____

b) Wann fahren die Straßenbahnen zwischen 20 Uhr und 21 Uhr?

_____ _____ _____

3 a) In welchen Abständen fahren die Straßenbahnen
zwischen 23 Uhr und 24 Uhr? _____

b) Wann fahren die Straßenbahnen zwischen 23 Uhr und 24 Uhr?

_____ _____

Abfahrt Frankenberg Uferstraße — Montag bis Freitag

Zeit	Linie	Haltestellen	Ankunft
06:28	502 2	Schreufa am Distner	06:33
		Buchenberg Mitte	07:00
		Immighausen	07:12
		Korbach Hauptbahnhof	07:35
		Korbach Stadthalle	**07:40**
06:37	501	Viermünden Mitte	06:45
		Herzhausen Itterstraße	07:03
		Korbach Hauptbahnhof	**07:25**
11:47	502 1	Schreufa am Distner	11:52
		Viermünden Mitte	**12:02**
12:37	501	Viermünden Mitte	12:45
		Schmittlotheim	12:57
		Herzhausen Itterstraße	13:14
		Korbach Hauptbahnhof	**13:33**
12:47	502 1	Schreufa am Distner	12:52
		Viermünden Mitte	**13:02**
13:23	525	Schulzentrum	13:25
		Bottendorf Schule	13:32
		Roda An der Bach	**13:50**

Zeit	Linie	Haltestellen	Ankunft
13:30	502 1	Schreufa am Distner	13:35
		Viermünden Mitte	**13:45**
13:37	501	Schreufa am Distner	13:42
		Viermünden Mitte	13:51
		Schmittlotheim	14:03
		Korbach Hauptbahnhof	**14:39**
14:52	501	Viermünden Mitte	15:00
		Schmittlotheim	15:12
		Herzhsn. Ederseeschule	**15:31**
15:52	501	Viermünden Mitte	16:00
		Schmittlotheim	16:12
		Herzhausen Itterstraße	16:29
		Korbach Hauptbahnhof	**16:48**
16:37	501	Schreufa am Distner	16:42
		Viermünden Mitte	16:51
		Schmittlotheim	17:03
		Herzhausen Itterstraße	17:20
		Korbach Hauptbahnhof	**17:39**

1 Wie oft fahren an einem Tag Busse von Frankenberg nach Korbach?

_____

2 Um wie viel Uhr fahren Busse von Frankenberg nach Korbach?

_____

3 Anna fährt um 12:37 Uhr von Frankenberg nach Korbach.

a) Wann kommt Anna in Korbach an? _____

b) Wie lange dauert die Busfahrt? _____

c) Am nächsten Tag möchte Anna zwischen
16 Uhr und 17 Uhr in Korbach ankommen.
Wann fährt sie in Frankenberg ab? _____

4 Welche Buslinien fahren von Frankenberg nach Viermünden?

_____

5 Paul fährt um 12:47 Uhr von Frankenberg nach Viermünden.

a) Wann kommt Paul in Viermünden an? _____

b) Wie lange dauert die Busfahrt? _____

c) Am nächsten Tag möchte Paul um 16 Uhr in Viermünden
ankommen. Wann fährt er in Frankenberg ab? _____

Weitere Verbindungen heraussuchen und die Fahrzeiten berechnen.

Die neun Kinder und zwei Erwachsenen einer Musikgruppe fahren nach Norderney. Es gibt viel zu unternehmen!

Dünen-Minigolf

Erwachsene: 3,00 €
Kinder: 2,00 €

Fischen & Forschen
Fischfang vom Strand aus!
Mit einem Gliep werden Meeresbewohner
gefangen und anschließend untersucht.

Dauer: 2 Stunden
Erwachsene: 6,00 €
Kinder: 4,00 €

Wattwanderung mit Ralf!
Preis (2 Std.): 4,50 € pro Person
Preis (3 Std.): 6,00 € pro Person

Schwimmbad

Preise (für 2 Stunden)
Erwachsene: 8,00 €
Kinder: 5,50 €

Schnupperkurs Windsurfen
Der perfekt Einstieg für alle
in diesen tollen Sport!
Dauer: 2 Stunden
Preis: 19,00 € pro Person

Die Gruppe hat ihr Programm für die Woche geplant:

	Montag	Dienstag	Mittwoch	Donnerstag	Freitag
vormittags	Ankunft	Sandburgen-Wettbewerb	Wattwanderung 2 Stunden	Schwimmbad 2 Stunden	Besuch der Innenstadt
nachmittags	Schatzsuche am Strand	Wanderung zum Leuchtturm	Strandolympiade	Fischen und Forschen	Abfahrt
abends	Leseabend	Spieleabend	Nachtwanderung	Disco	

1 Für drei der geplanten Unternehmungen müssen die Kinder bezahlen.
Schau genau und markiere die Unternehmungen in der Tabelle.

F: Wie viel Euro (€) muss jedes
   der Kinder insgesamt bezahlen?

A: _____

_____

L:

2 F: Wie viel Euro (€) müssen alle
   Kinder zusammen bezahlen?

A: _____

_____

L:

3 F: Wie viel Euro (€) müssen
   die beiden Erwachsenen bezahlen?

A: _____

_____

L:

1 Zur Wattwanderung trifft sich die Musikgruppe mit Ralf am Mittwoch um 10:15 Uhr. Bis zum Treffpunkt braucht die Gruppe 20 Minuten. Um 12:30 Uhr gibt es Mittagessen in der Pension.

F: Ist die Musikgruppe pünktlich zum Mittagessen zurück?

L: _____

A: _____

2 a) Von ihrer Pension in der Deichstraße wandert die Gruppe 4,3 km zum Leuchtturm. Der Rückweg ist genau so weit.

F: _____

L: _____

A: _____

b) Die Gruppe startet um 14:00 Uhr an der Pension. Zum Leuchtturm braucht sie 75 Minuten. Der Leuchtturm schließt um 16:00 Uhr.

F: _____

L: _____

A: _____

c) Die Leuchte des Leuchtturms wiegt 3,5 t. Wie viel Kilogramm sind das?

A: _____

3 Im Schwimmbad gibt es eine Wasserrutsche. Sie ist 60 m lang. Sarah rutscht siebenmal.

F: _____

L: _____

A: _____

In einem Dorf wird eine Straße repariert.
Im Anschluss gibt es ein großes Straßenfest!

1 Für die Straßenreparatur werden 9 800 Pflastersteine gebraucht.
Herr Fuchs muss mit seinem Lastwagen achtmal vom Lager
zur Baustelle fahren.

F: _____

_____

A: _____

_____

L:

2 Die Straße ist fertig! Beim anschließenden Straßenfest werden
256 Bratwürstchen zu je 3,00 € verkauft.

F: _____

_____

A: _____

_____

L:

3 Es gibt 18 Kästen Limonade und 24 Kästen Wasser.
In jedem Kasten sind 20 kleine Flaschen.

a) F: Wie viele kleine Flaschen
wurden eingekauft?

A: _____

_____

L:

b) 786 der kleinen Flaschen sind am Ende des Festes leer.

F: _____

_____

A: _____

_____

L:

1 Schriftliche Division beim Lösen anwenden. **2** und **3a** Schriftliche Multiplikation beim Lösen anwenden.
3b Schriftliche Subtraktion beim Lösen anwenden.

1

Blauwale sind die größten Säugetiere der Welt. Ihre Zahl ist vor allem durch den früheren Walfang, durch Unfälle mit Schiffen und durch Umweltverschmutzung stark zurückgegangen. Seit 20 Jahren steigt die Anzahl der Blauwale wieder.

An Land ist der Elefant mit 6 t Gewicht das schwerste Tier. Der Blauwal wird bis zu 25-mal schwerer als der Elefant.

F: Wie schwer kann ein Blauwal werden?

L:

A: _____

_____

2

Bei der Geburt ist ein Blauwalbaby 3 t schwer. Blauwalbabys werden unter Wasser von der Mutter gesäugt. Da die Walmilch sehr nahrhaft ist, wachsen die Jungen sehr schnell. Nach einem Jahr wiegt ein Blauwalbaby fast 10-mal so viel wie bei seiner Geburt.

a) Wie schwer ist ein Blauwalbaby nach einem Jahr? _____

b) Wie viele Tonnen Gewicht nimmt ein Blauwal in seinem ersten Lebensjahr? _____

3

Bei der Geburt ist ein Blauwalbaby ungefähr so lang wie zwei Taucher.

3 m

F: _____

L: _____

A: _____

4

Der längste Blauwal war ungefähr so lang wie eine Kette von elf Tauchern.

F: _____

L: _____

A: _____

Gewichte

1 Tonne (t) sind 1000 Kilogramm (kg).   1 t = 1000 kg

Das Komma trennt Tonne und Kilogramm.

$1,5$ t = 1 t 500 kg = 1 500 kg
$1,55$ t = 1 t 550 kg = 1 550 kg
$1,555$ t = 1 t 555 kg = 1 555 kg

Hohlmaße

1 Liter (l) sind 1000 Milliliter (ml).   1 l = 1000 ml

 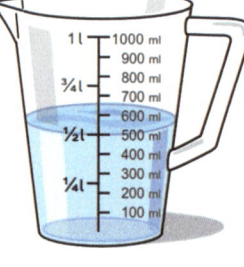 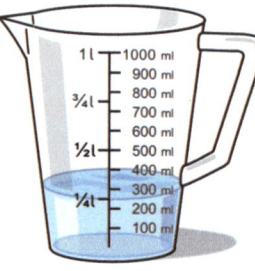 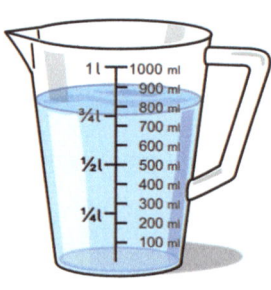

1 l = 1000 ml $\frac{1}{2}$ l = 500 ml $\frac{1}{4}$ l = 250 ml $\frac{3}{4}$ l = 750 ml

Das Komma trennt Liter und Milliliter.

$1,5$ l = 1 l 500 ml = 1 500 ml
$1,55$ l = 1 l 550 ml = 1 550 ml
$1,555$ l = 1 l 555 ml = 1 555 ml

Längen

1 Kilometer (km) sind 1000 Meter (m).   1 km = 1000 m

Das Komma trennt Kilometer und Meter.

$1,5$ km = 1 km 500 m = 1 500 m
$1,55$ km = 1 km 550 m = 1 550 m
$1,555$ km = 1 km 555 m = 1 555 m